sobre o autor

Lester Bello inspira as pessoas com suas mensagens de realização pessoal há mais de quinze anos. Empresário bem-sucedido, Lester ensina princípios que têm ajudado corporações internacionais.

Atualmente é editor e fundador da Bello Group International—um grupo empresarial fundamentado em princípios de excelência e integridade. Sua fé e a paixão pelo desenvolvimento pessoal são o núcleo de seu negócio e ministério. Como mentor, treinou outros empreendedores de sucesso ao longo dos anos através de seus programas. Um de seus maiores valores é o empenho em ajudar as pessoas a alcançarem o seu potencial, para viverem uma vida próspera e cumprirem o propósito de Deus.

Lester atualmente reside em Miami, Flórida, com sua esposa Roane e seus dois filhos, Solomon e Valentina.

Seu futuro depende exclusivamente da forma que suas grandes ideias assumirão.

Você foi criado para a grandeza

Os pensamentos criativos de Deus dentro de você permitem que você pense "fora da caixa" deste mundo.

big é tudo

É a inteireza, a integralidade, a totalidade... É a dimensão ilimitada.

big é big

Prepare-se para conhecer os Grandes planos para sua vida. Aqui começa o Grande projeto que é você.

Grande

(Sinônimos)

1. Enorme, imenso; volumoso, espaçoso; extenso.
2. Transbordando, inundado.

O CRIADOR NOS DEU AS HABILIDADES NATURAIS PARA SERMOS GRANDES PENSADORES E GRANDES SONHADORES.

TUDO AO NOSSO REDOR FOI FEITO PARA QUE SEJAMOS CAPAZES DE CUMPRIR NOSSAS GRANDES IDEIAS.

QUÃO GRANDES?

big!

O poder do seu pensamento é o responsável por formar o futuro de sua vida e das gerações vindouras.

COM TANTAS PESSOAS

pensando pequeno,

ter verdadeira audácia e visão tem **mais significado hoje** do que nunca.

Por que pensar pequeno?

Desde pequenos fomos ensinados a reagir diante das situações sendo felizes e agradecidos com o que temos, a não sermos gananciosos nem termos muitas esperanças de melhora. Mas as pessoas estão desempenhando tarefas muito inferiores ao que são capazes, simplesmente porque têm medo de pensar grande; elas têm medo de serem bem-sucedidas e essa é a razão pela qual não conseguem alcançar seus objetivos.

UM DOS TRAÇOS COMUNS ENTRE AS **PESSOAS MAIS RICAS DO MUNDO** É A CAPACIDADE DE PENSAR E DEFINIR OBJETIVOS GRANDES.

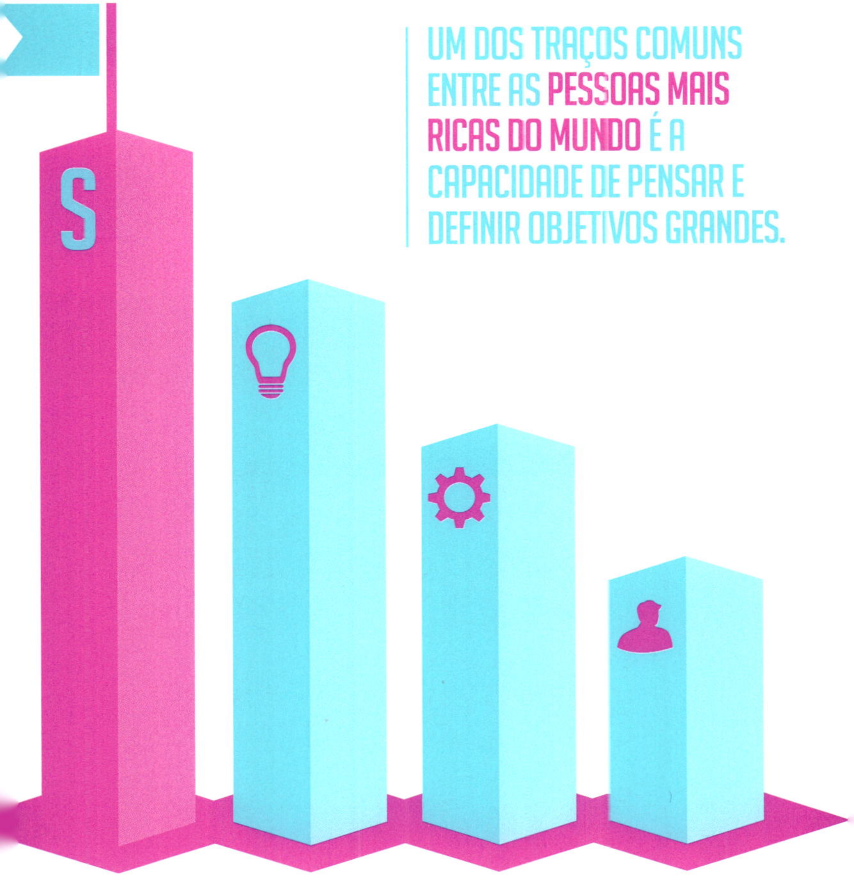

"A maioria das pessoas pensa pequeno porque tem medo do sucesso, medo de tomar decisões, medo de ganhar. E isso dá às pessoas como eu uma grande vantagem."

DONALD TRUMP

Esta é uma daquelas histórias que são difíceis de acreditar, mas é completamente real. É uma história sobre um jovem rapaz que teve uma grande ideia e a vendeu por 16 bilhões de dólares. Jan Koum, um dos fundadores do WhatsApp, é agora uma das pessoas mais ricas do mundo, e ele fez tudo isso em apenas alguns anos. Vamos ver como isso aconteceu...

História do WhatsApp

Jan Koum era um cara comum de trinta e tantos anos, que vivia uma vida normal. Um dia, no início de 2009, enquanto fazia seus exercícios na academia, ele teve uma grande ideia que mudaria sua vida para sempre e faria dele um bilionário. A academia que Jan frequentava proibiu o uso de telefones celulares. Koum não gostava disso porque detestava perder ligações, e foi assim que ele decidiu fazer algo que lhe permitisse conversar com seus amigos. Foi o nascimento da ideia do WhatsApp. O número de usuários registrados tem aumentado rapidamente. No momento em que estou escrevendo este livro, o número de usuários ativos chegou a 500 milhões e está crescendo cerca de 25 milhões por mês. O número de mensagens instantâneas enviadas através da plataforma está em torno de 20 bilhões por dia.

Em fevereiro de 2014, o Facebook anunciou que estava comprando a plataforma de mensagens instantâneas pela incrível quantia de 19 bilhões de dólares. Isso fez de Jan Koum um bilionário da noite para o dia.

"Se você pode sonhar, você pode alcançar."

ZIG ZIGLAR

O poder da **GRANDE** ideia é libertar você da prisão de pensar pequeno. Um grande sonho requer um período de tempo para se cumprir e, simultaneamente, ele desperta em você um senso de urgência. Você não irá realizá-lo em um ano. Nem em 3 anos. Um bom grande sonho provavelmente precisará de um período mínimo de cerca de uma década para se cumprir – e muitos levam mais tempo do que isso. Duas décadas. Três décadas. Os prazos se estendem para além de onde você está. Você deixa de gerenciar trimestres e passa a gerenciar décadas.

E QUANTO MAIOR E MAIS AUDACIOSO O SONHO É,

...ele aumenta o seu senso de urgência. Você olha para ele e diz: "Sim! Eu vejo essa possibilidade e ela me estimula a avançar e mudar o impossível! Temos que começar a trabalhar hoje, com um nível de intensidade implacável." Porque a única maneira de conseguir realizar algo tão grande é ter um foco absolutamente concentrado, que começa hoje e continua amanhã e no dia seguinte, e no dia depois dele e depois, por 365 dias no ano, um dia de cada vez.

Pensamentos audaciosos = resultados audaciosos

Não há pensamentos pequenos. Quando Deus criou você, Ele tinha grandes planos para a sua vida. Ele nos criou com um propósito, com um grande destino. Ele nos formou e inspirou a própria vida existente em Sua natureza em nós.

Desde o início, temos uma vida de domínio destinada a nós.

“VOCÊ É IMPOTENTE, A MENOS QUE TENHA ACESSO AO SEU POTENCIAL.”

É por isso que muitos não cumprem seus objetivos e propósitos na vida: eles não têm acesso ao seu potencial.

A GRANDE IDEIA O LEVARÁ A DESAFIAR O IMPOSSÍVEL. VOCÊ PRECISA SER OUSADO!

★ A QUESTÃO-CHAVE É: ★

QUAL É A SUA GRANDE IDEIA?

Vivemos em uma época em que a tecnologia de exponenciais, os computadores, a computação em nuvem, a Inteligência Artificial, a robótica, a fabricação digital e outras tecnologias têm permitido que pequenas equipes (uma pessoa, duas pessoas, meia dúzia de pessoas) façam coisas que só os governos e grandes empresas poderiam fazer no passado.

Vivemos em um momento no qual você pode alcançar um bilhão de pessoas, basta construir uma plataforma ou um grande produto ou serviço. Vemos isso acontecer quase todos os dias, cada vez mais e mais e mais vezes. E se você puder criar algo que exercerá um impacto positivo em muitas vidas? Por que fazer algo menor do que isso?

QUAL É A SUA GRANDE IDEIA

Objetivos superambiciosos

...vêm de dentro. Você já tem em si os desejos e sonhos que irá realizar na vida.

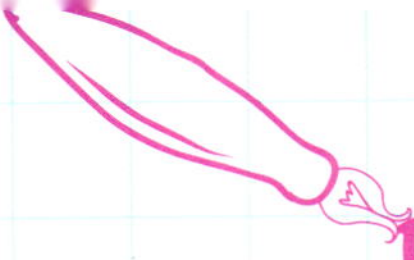

Por anos tenho buscado como posso ser bem-sucedido, como posso encontrar o meu destino na vida, como posso realizar meus sonhos?

Encontrei tudo isso dentro de mim.

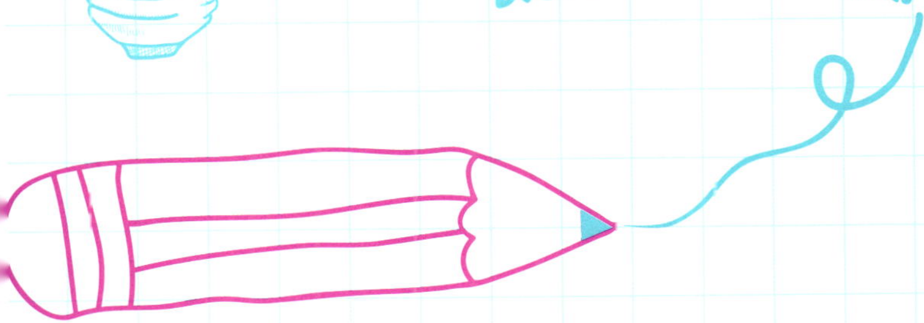

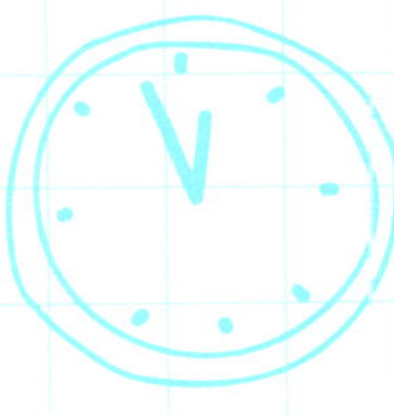

Todo mundo avalia uma nova ideia quando ouve sobre ela pela primeira vez.

ROVIO

No ano de 2003, três jovens estudantes da Universidade de Tecnologia de Helsinki apaixonados por jogos de computador – Kim Dikert, Niked Hed e Jarno Vakevainen – decidiram fundar uma empresa do ramo que tanto amavam. Eles a chamaram de Rovio Mobile.

Em uma de suas reuniões de brainstorming para debater sobre grandes ideias, o esboço de um pássaro com uma cara emburrada foi a coisa que mais chamou a atenção do grupo. Todos ficaram simplesmente encantados com o pássaro sem asas, então eles decidiram criar um jogo para os pássaros enfezados – Angry Birds. Depois de vários meses de trabalho árduo, a primeira versão do jogo foi lançada na App Store em dezembro de 2009, e a reação em cadeia começou.

Depois de apenas alguns dias, o jogo tornou-se número um na Finlândia. Dois meses depois, o Angry Birds conquistou o Reino Unido, e no final de fevereiro de 2010 alcançou o primeiro lugar nos Estados Unidos. As pessoas ficaram loucas com o jogo e os downloads cresceram exponencialmente. No dia 25 de dezembro de 2013, o Angry Birds foi baixado cerca de 8 milhões de vezes. Desde o lançamento do jogo, os downloads já atingiram a faixa de **500 milhões.**

AQUI ESTÁ UMA LISTA DE RAZÕES PELAS QUAIS...

1

Seguir seus sonhos conecta você com o seu propósito. Se você quer ser feliz até ao âmago do seu ser, precisa ser um grande sonhador. Você nasceu para fazer Grandes coisas.

2

Porque você tem uma escolha. Você deve ser um grande sonhador porque tem uma escolha em questão. Você pode ficar cara a cara com o fracasso, e isso pode ser um pouco assustador. Muitas pessoas tomam caminhos em que elas decidem nunca tentar seus "grandes sonhos". Você não precisa ser uma dessas pessoas. Você pode optar por seguir os seus maiores sonhos.

3

Seus sonhos se tornarão realidade. Seus sonhos não precisam permanecer sonhos para sempre; eles têm uma possibilidade real de se tornarem reais. Se você é um grande sonhador, alcançará grandes sonhos. Uma forte crença em si mesmo combinada com grandes sonhos irá transformá-lo em um sucesso pessoal. Não se contente com sonhos pequenos quando você pode alcançar coisas maiores.

...VOCÊ DEVE SER UM GRANDE SONHADOR:

4

Você vai vencer as impossibilidades. Quando você sonha coisas grandes, abre portas impossíveis. Grandes sonhadores superam seus limites e sabem que tudo é possível.

5

Seus sonhos vão impactar o mundo. Grandes sonhos são as razões pelas quais o mundo muda para melhor. É a razão pela qual houve tantas grandes invenções, curas para doenças e inovações. Grandes sonhos lhe dão a oportunidade de realmente deixar a sua marca no mundo. Deixe o seu legado para a eternidade.

ARQUITETOS SEMPRE DESENHAM O PROJETO ANTES DE COMEÇAR A EXECUTAR A CONSTRUÇÃO.

O QUE VOCÊ VÊ PARA A SUA VIDA? QUAIS SÃO OS SEUS SONHOS? PARA VOCÊ E PARA SUA FAMÍLIA?

A maneira como você olha para si mesmo agora irá afetar a sua meta em longo prazo. É por isso que precisamos nos lembrar de como Deus nos criou originalmente, e temos que pensar de nós o mesmo que Deus pensa, sempre.

É hora

de reviver a sua vida e ser grande

"Pois os meus pensamentos não são os pensamentos de vocês, nem os seus caminhos são os meus caminhos", declara o Senhor.

"Assim como os céus são mais altos do que a terra, também os meus caminhos são mais altos do que os seus caminhos e os meus pensamentos mais altos do que os seus pensamentos."

Isaías 55:8-9

Nova Versão Internacional (NVI)

Se você se preparar GRANDEMENTE, fará grandes coisas.

À medida que você mapeia seu propósito na vida, acreditamos que deve colocar a Grande Idea por escrito em primeiro lugar, para ajudá-lo a criar um bom plano de desenvolvimento.

Dica!

Um dos maiores desafios em sua vida está bem perto de você... o seu próprio pensamento. Conquistar o seus próprios pensamentos e libertá-los para se tornarem grandes pensamentos é o caminho a percorrer!

Se você pensar pequeno,

fará coisas pequenas.

Se você visualizar grandes coisas,

realizará grandes coisas!

NÃO olhe PARA O *passado;*

...isso compromete os seus pensamentos. Olhe para o hoje. Preveja o dia de hoje, e não o de ontem.

Enquanto você se prepara para a
da, perdoe o seu passado.

Não olhe para trás,

penas aprenda com o que assou. O sucesso que você terá epende do foco em seu futuro.

Todo mundo já passou por dificuldades, mas o mais importante é olhar para cima, com os ombros alinhados, e ser grato por você ter mais uma oportunidade de acertar.

A CHAVE

para o Sucesso é simplesmente

COMEÇAR!

O que não foi iniciado hoje
nunca terminará amanhã.

Pessoas que lidam com o presente
se preparam para o sucesso.

A procrastinação

é a prática da realização de tarefas menos urgentes em etrimento de outras mais urgentes, ou fazer as coisas nais agradáveis no lugar de outras menos agradáveis, eixando assim tarefas iminentes para mais tarde, às ezes para a "última hora" antes do prazo.

NÃO DEIXE MAIS QUE ISSO PARE VOCÊ

Primeiro você precisa ter o grande sonho, a grande visão de longo prazo que atingirá o coração de todos aqueles com quem você compartilhá-lo. Eles dirão:

"UAU,
seria incrível se isso pudesse ser feito!"

ESCREVA

os sonhos de sua vida,

não se preocupe com o "como" agora. Essa etapa é apenas para encontrar o GRANDE e audacioso sonho dentro de você.

Minha grande ideia ou ideias...

UMA VISÃO CONVINCENTE CAPAZ DE INSPIRAR OS MELHORES ESFORÇOS DE TODA UMA EQUIPE REÚNE QUATRO CRITÉRIOS:

GRANDES SONHOS SÃO OUSADOS.

Sua equipe, funcionários e parceiros são inspirados por uma visão que traz significado às suas vidas e às vidas de seus clientes. Em meados de 1970, os computadores pessoais foram desprezados por amadores. A visão de Steve Jobs de colocar um computador nas mãos de cada pessoa comum era grande, ousada e animadora.

GRANDES SONHOS SÃO ESPECÍFICOS.

Em 1961, John F. Kennedy inspirou uma nação ao propor uma grande ideia e determinar um prazo de execução para ela. Ele disse: "Esta nação deve comprometer-se a, antes que esta década termine, pousar um homem na Lua e trazê-lo de volta em segurança". Muitos cientistas pensaram que isso não poderia ser feito, mas Kennedy havia estabelecido um prazo, por isso eles foram forçados a tentar. A conversa mudou de "não podemos fazê-lo" para "bem, se tivéssemos que fazê-lo dentro do prazo, como poderíamos realizá-lo?"

GRANDES SONHOS SÃO CONCISOS.

Um grande sonho significa pouco se não puder ser lembrado. Concentre-se no barco da ideia em que você está prestes a embarcar. Atire a flecha diretamente para o alvo.

GRANDES SONHOS SÃO CONSISTENTES.

Mesmo em águas em movimento, um barco precisa ser capaz de manobrar e ser consistente. Você precisa manter os grandes sonhos boiando e não deixá-los afundar.

Steve Jobs,

...CEO da Apple e empresário lendário, foi deixando pistas por toda a sua carreira. No livro *Inovação, A Arte de Steve Jobs*, ele contou a história de um executivo da Disney encarregado da revitalização das lojas da empresa. Quando ele mostrou o projeto para Jobs – o maior acionista da Disney – Jobs respondeu:

"SONHE MAIOR"

big

É O SEU NOVO

estilo

de vida,

a sua nova maneira de pensar, falar e sonhar.

WALTER

...nasceu em Chicago, em 1901, em uma grande família de imigrantes irlandeses. Seu pai tinha um trabalho difícil e descontava sua raiva em sua esposa e filhos. Com apenas oito anos de idade, Walter passou a trabalhar entregando cartas. Em qualquer clima, de manhã cedo ou tarde da noite, ele corria pelas ruas em seus sapatos desgastados para entregar as cartas a tempo. Todo o dinheiro que Walter ganhava era tirado dele por seu pai.

Aos 16 anos, Walter tentou se alistar no exército para participar da primeira Guerra Mundial. Ele foi recusado por ser muito jovem, então se ofereceu como voluntário na Cruz Vermelha e foi enviado para o exterior, onde trabalhou como motorista de ambulância. Walter manteve as tropas de bom humor, decorando sua ambulância com desenhos divertidos. Ele descobriu que gostava de desenhar.

Quando Walter voltou para casa da guerra, ele trabalhou em vários empregos em áreas criativas. Ele trabalhou como vigia noturno, um trabalho conveniente porque lhe dava a oportunidade de estudar e praticar sua arte. Mais tarde, ele conseguiu um emprego em um pequeno estúdio trabalhando em uma campanha publicitária onde recebia apenas 40 dólares por mês, mas logo ficou desempregado. Walter queria trabalhar para um jornal como cartunista editorial, mas lhe faltava o senso de comicidade para fazer isso.

Walter decidiu começar sua própria empresa de arte comercial, mas o empreendimento durou pouco e não conseguiu se sustentar. Ainda não dissuadido, ele decidiu começar outra empresa, que dessa vez alcançou algum sucesso e logo permitiu a Walter contratar um grande número de seus amigos. Infelizmente, os lucros não foram suficientes para cobrir o alto custo dos salários e ele administrou mal o dinheiro, enchendo o negócio de dívidas e levando a empresa à falência. Até seu sucesso terminou em fracasso. Para a maioria, essa poderia ter sido a última tentativa e a lição final. Mas não para Walter. Ele convidou seu irmão para reunir mais algumas finanças e juntos eles começaram outra empresa. Eles não tinham dinheiro suficiente, então trouxeram uma investidora chamada Maria.

Mais uma vez, Walter encontrou o sucesso e recontratou muitos de seus amigos de volta. Um ano depois, Maria se casou com um homem chamado Charles, que entrou no negócio e confrontou Walter. Ele disse a Walter que se não cumprisse as restrições orçamentárias, ele perderia seu financiamento para todas as suas produções de sucesso e para todos os seus funcionários. Walter se recusou a ser controlado e mais uma vez decidiu continuar por conta própria. Neste momento, você deve estar pensando: "Desista Walter e consiga um emprego, o empreendedorismo não parece correr em suas veias", certo? Walter recusaria esse pensamento também.

Desta vez, Walter decidiu que iria iniciar um tipo de negócio a partir de um personagem chamado Mickey Mouse. Walter desenhou, animou e fez a voz do Mickey Mouse. Ele fundou a Walt Disney Company e passou a produzir outros personagens que foram amados por centenas de milhões de crianças, como Pato Donald, Pateta, Pluto, Branca de Neve e os Sete Anões, Alice no País das Maravilhas, o Marinheiro Popeye, Pinóquio, Dumbo, Bambi e muitos mais. A mentalidade empreendedora de Walt não parou por aí, é claro. Em um voo para Chicago no final dos anos 40, ele esboçou ideias para um parque de diversões onde imaginou seus empregados passando tempo com seus filhos. Até o irmão de Walt, Roy, pensou ser uma péssima ideia e convenceu o Conselho a desaprovar o financiamento para a construção. O que Walt iria fazer agora? Sua própria empresa não apoiaria a construção de seu sonho?

Bem, Walt tem uma mentalidade empreendedora incessante. Ele seguiu por conta própria e levantou o dinheiro por si mesmo. Walt também inspirou uma equipe dedicada chamada de "Imaginadores" – algo que todos nós devemos aspirar a ser. Juntos eles criaram o lugar mais feliz da Terra e o inauguraram em um domingo, dia 17 de julho de 1955. Ele construiu o sonho em um terreno onde antes existia apenas um laranjal.

A Disneylândia agora é visitada por mais de 5 milhões de pessoas cada ano. Tudo bem, você criou o lugar mais feliz do mundo, isso deve r o suficiente, certo? Não para o nosso empreendedor. No início de 960, Walt Disney World projeta o EPCOT, desta vez em cima de um rreno visitado apenas por jacarés: os pântanos de Orlando, na Flórida. ocê precisa se lembrar de que, na década de 60, no lugar onde o reino ágico existe hoje, não havia nada. Eu disse "nada". O Mundo de sney, o "Experimental Prototype Community of Tomorrow" (Protótipo Comunidade Experimental do Amanhã), conhecido como EPCOT imaginado e construído sobre um verdadeiro pântano. Enquanto a rnada de vida de Walt Disney terminou em 15 de dezembro de 1966, ando ele tinha 65 anos, o poder da mentalidade de seu empreende- orismo vive até hoje. Segundo as estatísticas, o fluxo de caixa anual de mes da Disney (não incluindo vendas e aluguel de vídeos) excede ais de 1 bilhão de dólares. O conglomerado inclui parques de diver- es da Disney na Califórnia, Flórida, Tóquio e Paris, 535 lojas internacio- is da Disney, equipes de hóquei e de beisebol, uma série de jornais e vistas e uma rede de televisão a cabo. O volume de negócios anual consórcio é 21 bilhões e a capitalização do mercado de ações é de bilhões de dólares. Nada mal para um garoto pobre de Chicago, do de uma família de imigrantes, equipado apenas com uma coisa, as como você pode ver, a coisa mais importante: um sonho, grandes eias e um pensamento empreendedor. Como Walt mesmo disse: odos os nossos sonhos podem se tornar realidade se tivermos a agem de persegui-los".

ISTO É O QUE EU QUERO AJUDAR VOCÊ A ENCONTRAR: A CORAGEM DE PERSEGUIR SEUS GRANDES SONHOS.

TODAS AS COISAS SÃO POSSÍVEIS
SE VOCÊ ACREDITAR!

Você pode alcançar todas as coisas, se puder acreditar. A palavra "crer" significa: ter uma posição consistente, nunca vacilar.

DEPOIS QUE VOCÊ FOR CAPAZ DE VISUALIZAR OS SEUS **GRANDES SONHOS,** DEVE TOMAR UMA DECISÃO CONSCIENTE E INABALÁVEL DE QUE É NISSO QUE VOCÊ IRÁ SE EMPENHAR NO PRÓXIMO MÊS E NOS PRÓXIMOS ANOS: COMECE A PREPARAR

SUA

MISSÃO.

CRIATIVIDADE E INOVAÇÃO
são sinônimos da marca
Walt Disney
principalmente por causa da
FORTE MISSÃO DA EMPRESA.

Uma das razões por que a Disney tem a reputação de oferecer uma experiência única "mágica" para os seus clientes em todas as suas operações – parques temáticos, hotéis, restaurantes, lojas, etc. – é porque ela tem uma visão e uma missão dominantes sobre todas as suas operações de negócios.

A Declaração de Missão/Visão da Corporação Walt Disney:

"A MISSÃO DA WALT DISNEY COMPANY É SER UM DOS PRINCIPAIS PRODUTORES E FORNECEDORES DE ENTRETENIMENTO E INFORMAÇÃO DO MUNDO. USANDO NOSSO PORTFÓLIO DE MARCAS PARA DIFERENCIAR NOSSOS CONTEÚDOS, SERVIÇOS E PRODUTOS DE CONSUMO, BUSCAMOS DESENVOLVER AS MAIS CRIATIVAS, INOVADORAS E RENTÁVEIS EXPERIÊNCIAS DE ENTRETENIMENTO E PRODUTOS RELACIONADOS DO MUNDO."

Uma declaração de missão é a declaração do propósito de uma empresa, organização ou pessoa. É a sua razão de existir.

A declaração de missão deve orientar as ações da organização, descrever seu objetivo geral, proporcionar um caminho e orientar a tomada de decisão.

A declaração de missão é constituída por três componentes essenciais:

1. **Mercado-chave:** Quem é seu cliente-alvo ou consumidor (generalize se necessário)?
2. **Contribuição:** Qual produto ou serviço você oferece a esse cliente?
3. **Distinção:** O que faz seu produto ou serviço ser único, de modo que o cliente o escolha?

QUAL É A SUA GRANDE MISSÃO?

DECLARAÇÕES DE MISSÃO

A Apple está comprometida em oferecer a melhor experiência em computação pessoal para estudantes, educadores, profissionais criativos e consumidores ao redor do mundo com suas ofertas inovadoras em hardware, software e Internet.

A missão da Dell é ser a empresa de informática de maior sucesso no mundo em oferecer a melhor experiência ao cliente nos mercados em que atua.

A missão do Facebook é dar às pessoas o poder de compartilhar e tornar o mundo mais aberto e conectado.

A missão do Google é organizar a informação do mundo e torná-la universalmente acessível e útil.

MISSÃO DA STARBUCKS

NOSSA MISSÃO: INSPIRAR E NUTRIR O ESPÍRITO HUMANO – UMA PESSOA, UM COPO E UM BAIRRO DE CADA VEZ.

Hoje, um dos meus cafés favoritos é o da Starbucks. Eles escolhem os melhores grãos de café do mundo, o que torna o sabor fresco e delicioso. Eles criam um ambiente em suas lojas que faz você querer ficar lá, beber o seu café e ler um bom livro ou estudar. Isso proporciona uma experiência extraordinária.

Associação Cristã dos Homens Jovens (comumente conhecida como **YMCA** ou simplesmente o **Y**) é uma organização mundial com mais de **57 milhões de beneficiários** de 125 associações nacionais. Foi fundada em 6 de junho de 1844 por George Williams em Londres, **com a missão de colocar em prática princípios cristãos através de programas que edifiquem em todas as pessoas espírito, mente e corpo saudáveis.** A YMCA alcança seu objetivo quando uma pessoa faz uma escolha saudável, quando um mentor inspira uma criança e quando uma comunidade se une em prol de um **bem comum, influenciando a sociedade.**

A Igreja

Hillsong é uma mega-igreja pentecostal localizada em Sydney, New South Wales, na Austrália. Brian e Bobbie Houston fundaram a igreja em 1983. De acordo com dados oficiais, mais de 30.000 pessoas frequentam os cultos a cada semana.

A visão da Hillsong é simples:

ame a Deus, ame o Povo, ame a vida

Missão

Atingir e influenciar o mundo através da construção de uma grande igreja centrada em Cristo, fundamentada na Bíblia, mudando mentalidades e capacitando as pessoas para liderarem e influenciarem em todas as esferas da vida.

A ÚNICA

finalidade da Criação de Deus

era

proporcionar à humanidade a capacidade de sonhar grande e cumprir seu propósito na vida em dimensões maiores.

Sua ideia está dentro de você,

então encontre um lugar tranquilo, tire um final de semana de folga, vá a academia, vá a um lugar para ouvir o Criador da vida.

Ouça Seus pensamentos dentro de você.

Não olhe

para a situação atual, simplesmente acredite que você pode fazer todas as coisas. Pergunte a si mesmo: O que eu faria se tivesse todo dinheiro e oportunidades o mundo?” Não olhe para a sua situação limitada atual, as para as oportunidades ilimitadas de Deus.

Deixe a sua mente entrar em territórios desconhecidos, caminhos que podem parecer loucos ou muito grandes para você. Quando você começar a ver um pouco do que quer fazer ou ser ... Continue e construa sobre o que você tem.

O seu começo parecerá modesto, mas o seu futuro será de grande prosperidade.

Jó 8:7 (NVI)

Anote seus grandes pensamentos; deixe o seu lado criativo se expressar no papel ou em seu computador, em seu dispositivo móvel ou até mesmo em um pedaço de guardanapo.

escreva

Aqui não é permitido
Sonhar
pequeno

na frente de sua porta

para lembrar a você e aos outro

Lembre-se,

a grandeza começa com grandes ideias ...

Não olhe para trás, seja ousado e não tenha vergonha de ter um grande futuro pela frente!

Hoje é um novo dia brilhante para começar a realizar os objetivos da sua vida.

Há um longo caminho à frente, portanto, comece agora!

NÃO IMPORTA

o que as pessoas dizem, o fator mais importante

É O QUE VOCÊ DIZ.

A conversa inicial é sempre entre você e você mesmo. Isso é o que chamamos de pensamento. Dominar o seus pensamentos traz para você uma vida positiva.

DEUS *deseja para você...*

...uma vida insuperável, abundante, grandiosa e infinitamente imensurável.

O MELHOR BENEFÍCIO QUE VOCÊ PODE FORNECER PARA SUA FAMÍLIA E AMIGOS É A OPORTUNIDADE DE FAZER UMA GRANDE DIFERENÇA EM SUA PRÓPRIA VIDA. EM SEGUIDA, VOCÊ PODE AJUDAR E GUIÁ-LOS NA DIREÇÃO CERTA.

O Poder da Associação

é fundamental no desenvolvimento de seu fator de crescimento. Aprenda a compartilhar seus grandes sonhos com aqueles que tiveram sucesso em sonhar grande e realizaram!

A GRANDE IDEIA

DEVE SER APOIADA POR PESSOAS AO SEU REDOR.

toda

a sua vida
sua família
seu futuro

serão

totalmente
transformados

de maneiras desconhecidas pelo homem
mas conhecidas pelo Criador da vida

Ele criou Você

para pensar e realizar grandes coisas!

AUTOR
LESTER BELLO

TRADUÇÃO
SAMUEL MATOS

REVISÃO
IDIOMAS & CIA

DESIGN/ DIAGRAMAÇÃO
SAMUEL MATOS

IMPRESSÃO E ACABAMENTO
EDELBRA GRÁFICA

SAIBA MAIS
LESTERBELLO.COM

BELLO

BELLO, LESTER

B446 BIG IDEIA/
LESTER BELLO;

TRADUÇÃO DE SAMUEL
FONSECA DE MATOS
BELO HORIZONTE:
BELLO PUBLICAÇÕES, 2014
64P. TÍTULO ORIGINAL:
BIG IDEIA

1. AUTO-AJUDA
ASPECTOS RELIGIOSOS.
2. PODER DO PENSAMENT
3. PENSAMENTO POSITIV
I. TÍTULO.

CDD: 158.1
CDU: 159.9

ISBN-978-85-83210-15-